GENIESSER BIBLIOTHEK

IL TARTUFO

Trüffel

Vom Pilz mit dem unvergleichlichen Aroma

Leonardo Castellucci

Deutsch von Bianca Röhle

FLECHSIG

Die italienische Originalausgabe ist bei Nardini Editore in Florenz/Italien unter dem Titel *Il Tartufo* erschienen.
Redaktion: Andrea Galeazzi

Genehmigte Lizenzausgabe für Flechsig Buchvertrieb in der Verlagshaus Würzburg GmbH & Co. KG, Würzburg 2007
Übersetzung aus dem Italienischen von Bianca Röhle – Droemersche Verlagsanstalt Th. Knaur Nachf. GmbH & Co. KG, München

Umschlaggestaltung: Lorenzo Crinelli
Umschlaggestaltung der deutschen Ausgabe: Silberwald – Agentur für visuelle Kommunikation, Würzburg
Umschlagillustration: Miniatur aus einem lombardischen Kodex des 14. Jahrhunderts
Printed in Italy

ISBN-13: 978-3-88189-640-5
ISBN-10: 3-88189-640-6

Unser gesamtes Programm finden Sie unter: www.verlagshaus.com

EINE URALTE GESCHICHTE

Eine rätselhafte Knolle

Die Trüffel bildet das Glanzstück auch der raffiniertesten Küche. Ihr Preis erreicht bis zu einem Zehntel des Goldpreises. Die Trüffeln wachsen langsam in der Erde heran. Seit jeher hat dieser Pilz die Phantasie der Menschen beschäftigt.

Die privilegierte Stellung verdankt die Trüffel ihrem besonderen, fast berauschenden Duft und dem ungewöhnlichen, einzigartigen Geschmack. In der Natur wird man kein zweites Nahrungs-

mittel mit solcher Intensität und einer vergleichbaren, etwas finsteren Ausstrahlung finden. Aus diesem Grunde wurde diese Knolle schon in ferner Vergangenheit von unseren Ahnen geschätzt, und ihr Verzehr glich damals wie heute einem festlichen Ritual. An einer Mahlzeit teilzunehmen, zu der Trüffeln gereicht werden, ist für jeden eine Freude – ein Fest für Leib und Seele.

Der Göttin der Liebe geweiht

Heute nimmt man an, daß die Babylonier sich bereits 3000 Jahre vor Chri-

SPECTACVLA BABYLONICA

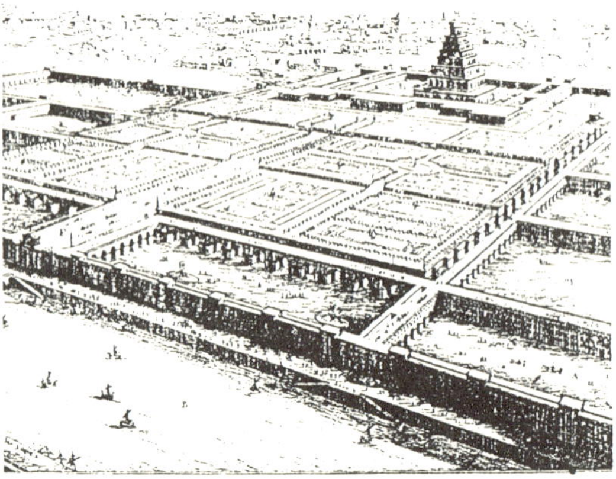

stus erfolgreich auf die Suche nach dieser «geheimnisvollen Gabe der Natur» machten. Wahrscheinlich fanden sie eine Trüffelart, *tarfezia leonis* genannt, die auch heute noch in den sandigen Böden Kleinasiens wächst und von minderer Qualität ist.

Jakob

Man weiß, daß der legendäre Pharao Cheops ganz versessen auf in Gänseschmalz geschwenkte Trüffeln war. Auch Jakob scheint bereits Trüffeln gekannt und geschätzt zu haben – vorausgesetzt, die entsprechenden Bibelstellen sind richtig übertragen worden.

Einige Jahrhunderte später erwähnt Theophrast von Eresos (ein Lieblingsschüler des Aristoteles), der sich in seinen zahlreichen Schriften systematisch mit der Botanik befaßte, in seiner *Historia Plantarum* auch die Trüffeln. Er beschreibt sie als einen kostbaren «Schmuck» für jede Tafel und behauptet, daß es sich um eine Pflanze ohne Wurzeln handele, die aus der Verbindung von Donner und Regen entstanden sei. Hier liegt der Ursprung für den Mythos der Trüffeln; eine geheimnis-

umwobene Geschichte, die sie viele Jahrhunderte begleiten wird.

Im 4. Jahrhundert vor Christus, also zu Lebzeiten von Aristoteles und Theophrast, wurde in Athen sogar ein gastronomischer Wettbewerb durchgeführt. Den ersten Preis dieses Wettbewerbs gewann ein Gericht, das als «Trüffelpastete nach Art des Chilomenes» überliefert ist. Die wichtigsten Zutaten für dieses Gericht waren in feine Scheiben geschnittene Trüffeln, zerkleinerte Fasanenbrust, Salz und Gewürze. Daraus bereitete man die Füllung für eine Art Pastete, die anschließend im Ofen gebacken wurde.

Ein anderer Grieche, Claudius Galenus, Leibarzt des Kaisers Mark Aurel, behauptete (wie vor ihm schon der berühmte Pythagoras), daß die Trüffel sehr nahrhaft sei und die Wollust wekke. So geriet diese geheimnisvolle Knolle in den Ruf eines wirkungsvollen Aphrodisiakums.

Im republikanischen Rom ernährte man sich bescheiden und einfach. Obwohl die Stadt schon mächtig war, hatte sie doch noch nicht die zentrale Stellung erreicht, die sie später während des Kaiserreiches einnahm und die ihr den Beinamen *caput mundi* einbringen sollte. In dieser Epoche scheint die Trüffel aus der Küche ver-

Galenus

bannt zu sein. Einfache, leicht zugängliche Produkte werden ihr vorgezogen. Es fehlt die Zeit für die Zubereitung ausgefallener Gerichte. Aber in dem Moment, in dem Rom zum Zentrum eines unendlichen Reiches wird und sich der wahre, zur Schau gestellte Reichtum im Volk ausbreitet, schlägt wiederum die Stunde der Trüffel. So war es schon in den glanzvollsten Zeiten des antiken Griechenland, in denen sie auf den Tischen der Wohlhabenden eine fast mythische Aura umgeben hatte. Auch in Rom sind ihr ungewöhnlicher Duft und ihr seltsamer Wuchs Anlaß für Legenden, die sich um ihre Herkunft und ihre Wirkung weben. So leben die unwahrscheinlichen Theorien von Theophrast und die unbewiesenen Behauptungen Galenus' wieder auf. Die Trüffel wird der Liebesgöttin Venus geweiht und in der Folge von vielen Ärzten gegen die «schändliche» Impotenz verabreicht.

Schon damals war Trüffel fast unerschwinglich. Im 1. Jahrhundert vor

Christus verfaßte Apicius ein Kochbuch für die reichen römischen Patrizier, das sich allgemeiner Beliebtheit erfreute. Apicius, dessen Ruf als Feinschmecker im alten Rom nur mit dem des römischen Konsuls Lucius Licinius Lucullus verglichen werden kann (der ein großer Liebhaber der Trüffeln war

VENUS.

und eher wegen seiner ausschweifenden Bankette als wegen seiner militärischen Erfolge Unsterblichkeit erlangt hat), führt einige Rezepte auf der Grundlage von Trüffeln auf. Wir geben hier eins der Rezepte zum Ruhme dieses genießerischen und versessenen Gourmets wieder, der sein gesamtes Vermögen für Gelage und Bankette hinauswarf und sich schließlich, aus Angst vor einem Alter in bitterer Armut, das Leben nahm.

«Die Trüffeln in Scheiben schneiden, salzen, auf ein dünnes Stöckchen

spießen und rösten. Öl in einen Topf geben, ein Gemisch aus kleingehacktem Fisch, Kräutern, Essig, Most, Wein, Honig und Pfeffer hinzufügen; wenn die Masse kocht, mit Mehl andicken und die Trüffeln darübergeben.»

Aber jene Trüffeln, die die Römer so sehr schätzten, hatten mit denen, die wir heute kennen, wenig gemeinsam. Es mag unwahrscheinlich klingen, aber den Söhnen der Ewigen Stadt waren die kostbaren Vorkommen der weißen *(tuber magnatum pico)* und schwarzen Trüffel *(tuber melanosporum vittadini)* und anderer wertvoller Arten unbekannt. An diesem kulinarischen Reichtum der italienischen Halbinsel labten sich damals ausschließlich die Wildschweine. Die Römer gaben sich dagegen mit einigen afrikanischen Trüffelsorten wie den Terfeziaceen, besonders aber der *tarfezia* und der *tirmannia* zufrieden, die alle von minderer Qualität sind. Das bestätigt uns auch Plinius der

Ältere, der im Jahre 79 nach Christus Opfer des Vesuvausbruchs geworden war, weil er das Geschehen aus wissenschaftlichem Interesse aus nächster Nähe hatte beobachten wollen. Plinius bezeichnet die Trüffeln in seinem berühmtesten Werk, der *«Naturalis Historia»,* als die «Hornhaut der Erde». Er hält sie für ein Geschenk des Him-

mels: «...die Geburt und das Leben dieser Knolle ist ein Wunder. Sie wächst völlig isoliert in der trockenen und fruchtbaren Erde des gepriesenen Afrika...»

Es ist überraschend, festzustellen, daß die Trüffeln, obwohl ausschließlich den wohlhabenden Römern vorbehalten, selbst einen so integren und unbestechlichen Mann wie Juvenal verführen konnten. Der lateinische Dichter und Moralist, der in seinen berühmten Satiren entschieden gegen die Korruption, den Verfall der Sitten und den Überfluß predigt, gibt dennoch zu, ein leidenschaftlicher Genießer der Trüffeln zu sein.

Statussymbol der Renaissance

In der frühchristlichen Zeit widerstand selbst ein berühmter Mann der Kirche wie der Bischof Ambrosius von Mailand, der sich einem vollkommenen spirituellen Leben, dem Fasten und einfacher, anspruchsloser Kost verschrieben hatte und nach seinem Tod heiliggesprochen wurde, nicht der Versuchung der Trüffeln. Von Bischof Felix von Trier hatte er einige Knollen bekommen. Er wußte diese Gabe durchaus zu würdigen und verzehrte sie mit überraschendem Appetit.

Im frühen Mittelalter wurde fast alles zur «Sünde» erklärt, und das Ge-

Francesco Petrarca

wissen der Menschen war moralisierenden und sektiererischen Angriffen ausgesetzt. Die Trüffel, in den Augen der Moralisten eine allzu edle und esoterische Frucht, galt als äußerst gefährlich, ja man behauptete sogar, sie sei teuflischer Natur. Das reichte aus, um sie fast völlig aus der Küche zu verbannen.

Im 12. und 13. Jahrhundert, als der Aberglaube allmählich an Einfluß verlor, schlug erneut die Stunde der Trüffel, die bald beliebter war als je zuvor. Die Herren jener Zeit setzten alles daran, sie auf dem Tisch des Hauses servieren zu können. Jetzt verzehrte man allerdings *tuber terrae* (wenn auch noch nicht in höchster Qualität) und nicht mehr *tarfezia africana.* Petrarca bezeugt das wiedererwachte Interesse an der Knolle in seinem IX. Sonett: «Und nicht nur was den Blick von außen weidet, / Bach, Hügel, wird mit Blümlein rings umwoben, / nein, auch der Erd inwend'ges Feucht gehoben, / geschwängert, was den Tag, verborgen, meidet. / Vielfält'ge Frucht entquillet diesem Triebe...»

Genau aus dieser Zeit stammen die ersten Nachrichten über die weißen und schwarzen Trüffeln der edelsten Sorten, das *tuber magnatum pico* und das *tuber melanosporum vittadini.*

Vielleicht hatte jemand aufmerksam das Verhalten der Haus- und Wildschweine beobachtet, die sich jahrhundertelang an der kostbaren Knolle gütlich getan hatten.

Alfonso d'Este

In der Renaissance wird die Trüffel zum Gradmesser von Reichtum und Ansehen. Bei einem respektablen Bankett durfte die edle Knolle unter keinen Umständen fehlen. Die Küchenmeister setzten alles daran, ständig neue Gerichte mit Trüffeln zu erfinden. Im Jahre 1502 schenkten die Honoratioren der Stadt Aqualagna in den Marken – einer Gegend mit reichem Trüffelvorkommen – der schönen Tochter des Papstes Alexander VI., Lucrezia Borgia, riesige schwarze Trüffeln. Lucrezia, die sich auf dem Weg nach Ferrara befand, um dort mit ihrem dritten Ehemann Alfonso d'Este zusammenzutreffen, fühlte sich offensichtlich von dem Geheimnis angezogen, das diese Früchte ausstrahlten – das gleiche Geheimnis, das auch sie selbst seit ihrer Jugend umgab.

Auf der Suche nach Geschichten, Legenden und Persönlichkeiten, über die es in diesem Zusammenhang zu berichten lohnt, stoßen wir, wiederum in Aqualagna, am 24. September 1506 auf Papst Julius II., dem die Stadt mit einigen weißen Trüffeln ihre Aufwartung machte. Giuliano della Rovere, dieser kämpferische und kunstliebende Papst (er war es, der Michelangelo Buonarroti mit der Freskierung der Sixtinischen Kapelle beauftragte), war

Julius II.

mit seinen Truppen auf dem Weg nach Bologna.

Wenn es um kulinarische Dinge geht, muß der Name Katharina von Medici erwähnt werden. Katharina aß leidenschaftlich gerne, und als sie als

Braut König Heinrichs II. nach Frankreich reiste, befanden sich in ihrem Gefolge alle ihre treuesten Diener, darunter viele «Küchenmeister und Konditoren». Nicht zuletzt aus diesem Grund ist die Meinung weit verbreitet, daß Katharinas kulinarische Kultur die französische Küche maßgeblich beeinflußt habe. Neben den anderen Gerichten und Produkten, die die Königin in Frankreich einführte oder förderte, findet sich auch die Trüffel, die sie an ihre toskanische Heimat erinnerte.

Erste botanische Studien

In jener Zeit versucht man, für die Herkunft und Entwicklung der Knolle eine wissenschaftliche Erklärung zu finden. Doch die Thesen zeugen in der Regel eher von reger Phantasie als von ernsthafter wissenschaftlicher Forschung. Neben einigen Rezeptbüchern wie *dem «Libro dello Scalco»* (1584) von Giovan Battista Rossetti, dem Marketender der Lucrezia Borgia in Urbino, oder dem Werk des Kochs von Papst Pius V., Bartolomeo Scappi,

«L'Epulario» (1570), werden erste Untersuchungen auf dem Gebiet der Botanik veröffentlicht. Im Jahre 1564 geht das *«Opusculum de tuberibus»* von Alfonso Ceciarelli in Druck, die erste selbständige Veröffentlichung zu unserem Thema. Einige Jahre später gibt der Gelehrte Giacomo Castelve-

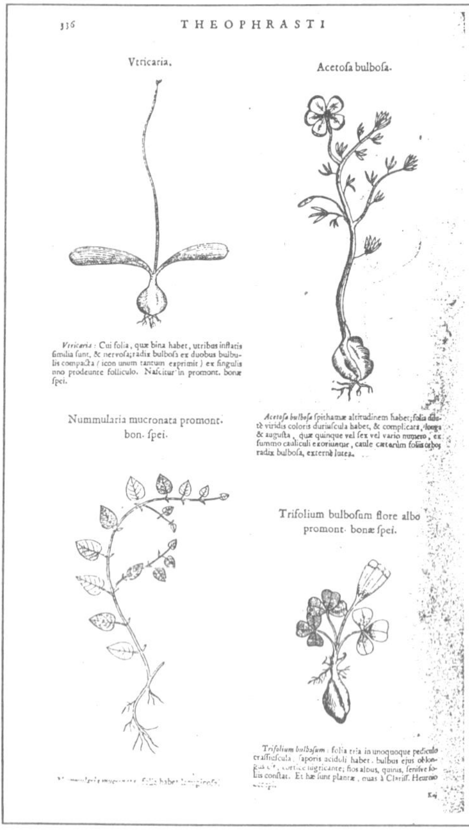

tro den *«Brieve racconto di tutte le radici, tutte le erbe e di tutti i frutti che crudi o cotti in Italia si mangiano»* (Kleine Geschichte der Wurzeln, Kräuter und Früchte, die in Italien roh oder gekocht verzehrt werden) heraus. Dabei handelt es sich um ein kleines, aber kostbares und gut geschriebenes Büchlein, das allerdings in botanischer Hinsicht sehr allgemein gehalten ist.

Erst im 18. und 19. Jahrhundert erzielen einige Botaniker weiterführende Ergebnisse. Bereits im Jahre 1699

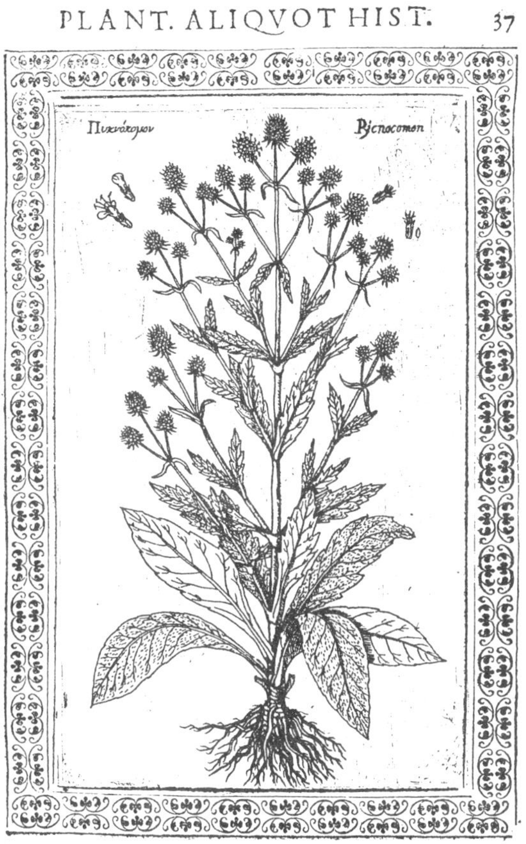

hatte der Engländer Ray die Vermutung geäußert, daß Pilze sich mit Hilfe von Sporen vermehren würden. Im folgenden Jahr übertrug der Engländer Tournefort diese Idee auch auf die Vermehrung von Trüffeln. Damit war ein erster Schritt getan. 1711 behauptete Geoffrey, daß das Fruchtfleisch der Trüffeln unendlich viele Sporen enthalte, die in den sogenannten Ascus eingeschlossen seien. Ungefähr zwanzig Jahre später bestimmte der Italiener Micheli, von der These Geoffreys ausgehend, sogar die Anzahl

LO

SPETTACOLO

DELLA NATURA

ESPOSTO IN VARJ DIALOGHI

CONCERNENTI

LA STORIA NATURALE

Che ſono più proprj a rendere li Giovani curioſi, ed a formarne lo ſpirito.

TOMO SESTO.

Edizione Sesta ricorretta, e nella Traduzione infinitamente migliorata.

IN VENEZIA, MDCCCIII.

Preſſo Giuseppe Orlandelli,

PER LA DITA DEL FU

FRANCESCO DI NICCOLO' PEZZANA

Con licenza de' Superiori, e Privilegio.

dieser Sporenbehälter in den wichtigsten Trüffelsorten. Die damalige Forschung nahm seine Ideen allerdings nicht wirklich zur Kenntnis, so daß Turpin einige Zeit später behaupten konnte, daß die Sporen bereits eine Miniaturausgabe der fertigen Trüffeln enthielten. Diese kleinen Trüffeln würden sich vereinigen und gemeinsam schließlich die ausgewachsene Knolle bilden.

Nel terzo lib. di Dioſcoride. 681

Gentiana maggiore. Cap. III.

CREDESI, che la Gentiana fuſſe ritrouata da Gentio Re della Illiria, dal quale ſi preſe ella il nome. Le frondi, le quali produce appreſſo alla radice, ſono ſimili à quelle del noce, ouero à quelle della piantagine, di colore roſſigno: ma quelle, che ſono da mezo il fuſto in ſu, & maſſime quelle della ſommità, ſono alquanto intagliate. produce il fuſto concauo, liſcio, groſſo un dito, alto due gombiti, & compartito da piu nodi, nel quale ſono le frondi con maggiori interualli. E il ſeme, il quale ſi contiene ne i ſuoi recettacoli, largo, leggiero, ſcaglioſo, ſimile à quello dello ſphondilio. La radice è lunga, ſimile à quella dell'ariſtolochia lunga, groſſa, & amara. Naſce nelle ſommità de gli altiſſimi monti, in luoghi ombroſi, & acquaſtrini. Ha la radice

GENTIANA MINORE.

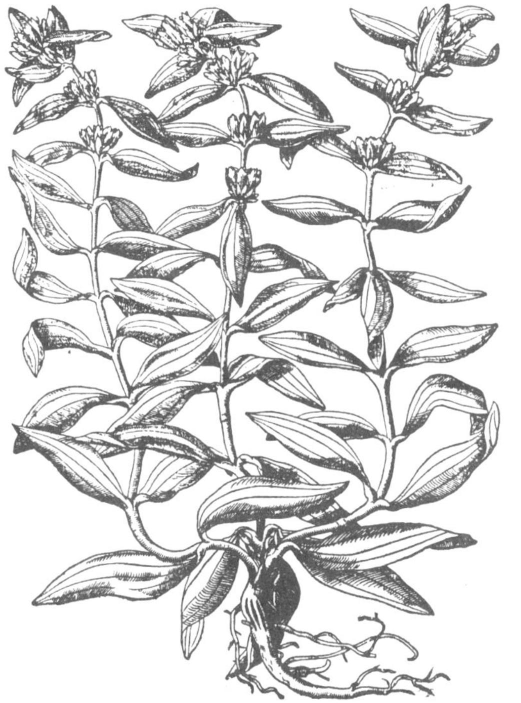

Noch absurder klingt die These von De Bornholze, der im Jahre 1827 behauptete, die Trüffeln nähmen eine Zwitterstellung zwischen Pflanze und Tier ein. Dreißig Jahre später gab Revel eine abstruse, aber außerordentlich originelle Theorie zum besten: Seiner Meinung nach waren Trüffeln das Ergebnis des Stichs einer besonderen Fliege in die Wurzeln von Eichen. Weit mehr überzeugen hingegen die

Äußerungen von Carlo Vittadini: Im Jahre 1831 hatte er die *«Monografia tuberacearum»* veröffentlicht, ein modernes Werk, in dem er die Eigenschaften der Trüffeln exakt beschreibt und in dem systematisch und nach

Napoleon

wissenschaftlichen Kriterien die meisten Trüffelsorten aufgeführt werden.

Während des gesamten 19. Jahrhunderts waren die Trüffeln gleichbedeutend mit Adel und Reichtum. Könige und Kaiser, nicht zuletzt Napoleon Bonaparte, waren von der schmackhaften Knolle begeistert. Selbst beim Abschlußdiner des Wiener Kongresses im Jahre 1815, zu dem die wichtigsten Politiker der Welt bei Tisch versammelt waren, fehlten die Trüffeln nicht. Hier

das Menü: «Potage de cocombre à l'hollandaise / Croquettes d'ésturgeon aux truffes / Boudin de poisson à la Richelieu / Gelantine d'anguilles au beurre d'écrevisses / Sarcelles à l'orange».

Erst im 20. Jahrhundert wird das Rätsel um die Trüffel erklärt, auch wenn bis heute Studien zu einigen bisher ungelösten Aspekten fortgeführt werden.

Mit einer Äußerung von Alexandre Dumas möchten wir diese kurze historische Einführung abschließen: «... die Geschichte der Trüffeln zu erzählen

Alexandre Dumas

würde bedeuten, die Geschichte der Zivilisation auszubreiten, an der die stummen Trüffeln größeren Anteil hatten als die Gesetze des Minos und die Tafeln des Solon in den glanzvollen Epochen der Nationen und gekrönten Häupter.»

TRÜFFELN HEUTE

Biologische Aspekte

Bei bloßer Betrachtung erscheint sie nicht besonders kostbar. Ihr Aussehen ist das einer kompakten, unförmigen Knolle, häufig mit dicken und unansehnlichen «Warzen» übersät. Doch es ist hinlänglich bekannt, wie wenig man sich auf das Äußere eines Wesens verlassen kann.

Streng wissenschaftlich betrachtet ist die Trüffel ein Erdpilz, der zu den Ascomyzeten aus der Ordnung der Schlauchpilze gehört. Aber wir wollen sie hier etwas genauer vorstellen. Die Trüffel verfügt wie jeder andere Pilz auch über ein Mycel, also ein feines vegetatives Netz. Die Fruchtkörper scheinen daher einzeln und unabhängig voneinander in der Erde zu wachsen. Sie bestehen aus einer Rinde, dem «Peridium», die glatt sein kann wie bei den weißen Trüffeln aus dem Piemont oder auch runzlig wie bei den schwarzen Trüffeln aus Norcia und aus dem

Plinius

Périgord. Das Innere wird Fruchtschicht oder Gleba genannt. Das Peridium schützt die Fruchtschicht, die fast immer fleischig ist und von weißlicher bis bräunlicher Farbe sein kann. Die Farbe der Fruchtschicht hängt auch vom Reifegrad der Trüffel und von ihrer Wirtspflanze ab. Die Fruchtschicht setzt sich aus hellen Sporenschläuchen zusammen, den «fruchtbaren» Zonen des Pilzes, in denen die Sporen heranreifen. Mit ihrer Hilfe vermehrt sich diese Knolle. Jeder Sporenschlauch, auch Ascus genannt, enthält mindestens eine, aber nie mehr als zehn Sporen.

Dieses Geheimnis hatte jahrhundertelang die Gelehrten vor Rätsel gestellt. Bleibt noch hinzuzufügen, daß die Trüffeln mit einigen Pflanzen eine Symbiose eingehen.

Damit ist eine besondere Art des Zusammenlebens von zwei Pflanzenarten gemeint und nicht, wie man in der Vergangenheit annahm, ein parasitäres Verhalten der Knolle. Aber was geschieht nun wirklich? Die Trüffel enthält ebenso wie alle anderen Pilzarten kein Chlorophyll und kann sich daher nicht selbständig die für ihr Wachstum notwendigen Nährstoffe verschaffen. Aus diesem Grund muß sie mit bestimmten Baumwurzeln eine

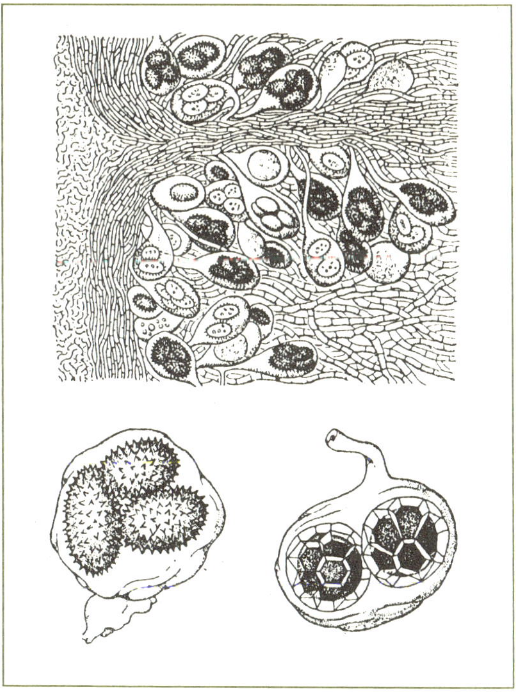

Symbiose eingehen. Die Trüffel gibt ihrer Wirtspflanze Wasser und aus der Erde aufgenommene Salze weiter und erhält von ihr im Gegenzug Kohlehydrate.

Chemische Eigenschaften und Nährwert der Trüffeln

Der eine oder andere hängt immer noch an der überkommenen Vorstellung – und warum sollte man ihn von seinem Glauben abbringen? Warum sollte man ihn um die Illusion bringen, daß er mit dem Genuß des unvergleichlichen Aromas von Trüffeln auch etwas für die Stimulierung seiner Sinnlich-

keit tue? Lassen wir ihn genießen, aber gesagt werden muß dennoch, daß von Trüffeln, anders als in der Vergangenheit angenommen wurde, keinerlei aphrodisierende Wirkung ausgeht. Wir wären glücklich, wenn wir das Gegenteil berichten könnten! Der Nährwert der Trüffeln ist dagegen unbestritten. Es sollte vorausgeschickt werden, daß zwischen den weißen und den schwarzen Trüffeln unter chemischen Gesichtspunkten kein Unterschied besteht. Beide enthalten fast 73 % Wasser, weiterhin verschiedene Salze und wertvolle organische Substanzen wie Kalzium, Kalium, Magnesium usw.

Am meisten überrascht der Proteingehalt der Trüffeln, der so hoch ist, daß sie von vielen als «Gemüsefleisch» bezeichnet werden.

Gerne schrieb man Trüffeln eine wohltuende Wirkung bei Gicht zu und glaubte, daß sie die Vernarbung von Wunden beschleunigen würden. Man nahm sogar an, sie seien ein wirksames Antibiotikum. Nach dem, was wir heute über die wundersame Knolle wissen, wird keine dieser Annahmen bestätigt.

Trüffelarten

Die Wissenschaft befaßt sich erst seit gut hundert Jahren mit den Trüffeln. Zur Zeit sind ungefähr hundert Arten dieser Pflanze bekannt. Und wie bei den Pilzen gibt es auch hier giftige, wenn auch nicht tödliche Arten. Im folgenden stellen wir kurz einige der wertvollsten Trüffeln vor.

Tuber magnatum pico
Weiße Trüffel aus Piemont – Die schönsten Exemplare dieser Art können pro Kilo mehr als dreitausend Mark kosten. Diese Trüffeln werden zwischen Oktober und Dezember reif und kommen in Piemont, in einigen Gegenden der Marken, der Toskana, der Emilia Romagna und Umbriens vor. Sie sind das Aushängeschild der Spezies Trüffel: von weißlicher Farbe mit einer Tendenz ins Graue, verbrei-

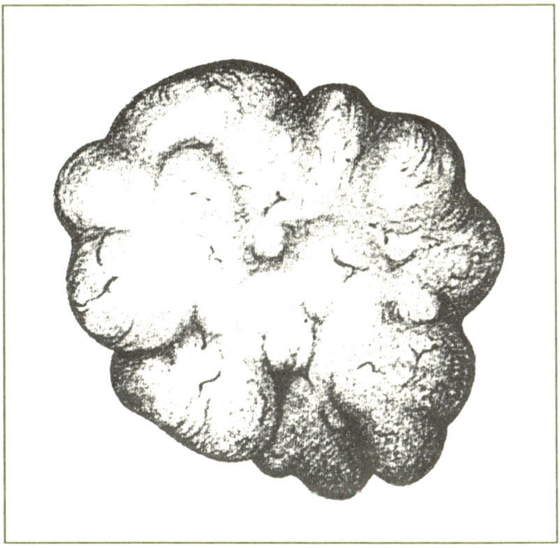

ten sie einen aufregenden und äußerst angenehmen Duft. Diese Trüffelart sollte möglichst nicht gekocht werden, da sie sonst von ihrem vollen Aroma verliert.

Tuber melanosporum vittadini
Echte oder Périgord-Trüffel, Schwarze Trüffel aus Norcia und Spoleto – Die-

se Trüffel kostet nur die Hälfte der erstgenannten und ist deren größte Rivalin. Sie ist sehr intensiv im Geschmack und verliert ihr Aroma auch nicht beim Kochen. Sie hat eine sehr

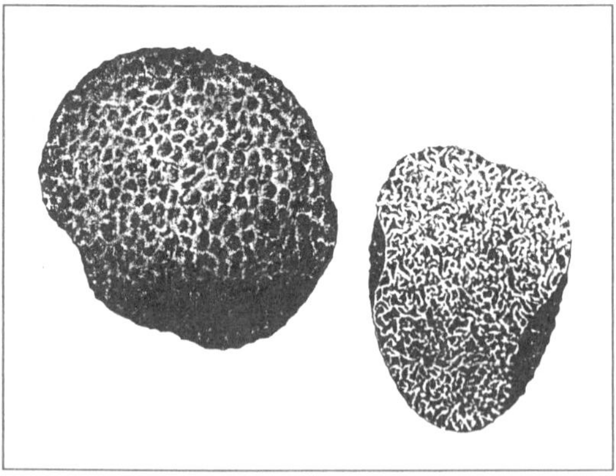

unregelmäßige Form, ihre Farbe ist von einem fast metallisch glänzenden Schwarz. Sie reift von November bis März, und man findet sie vor allem im Périgord, in Umbrien und in den Marken.

Tuber brumale vittadini
Wintertrüffel – Die Wintertrüffel ähnelt sehr der schwarzen Trüffel, obwohl sie nicht deren intensiven Duft besitzt. Ihr Geschmack ist dennoch angenehm. Sie reift zwischen Januar und März fast überall in Italien.

Tuber aestivum vittadini
Sommertrüffel – Diese Trüffel ist ebenfalls von hoher Qualität und

schmeckt ausgezeichnet, auch wenn ihr Marktwert um einiges niedriger liegt als der der schwarzen Trüffel. Ihre bräunliche Farbe tendiert ins Schwarze, und ihr angenehmer Geschmack erinnert entfernt an den von anderen Pilzen. Sie reift zwischen Mai und November in den meisten Regionen Italiens.

Tuber mesentericum vittadini
Trüffel aus Bagnoli – Auch diese Trüffelart ähnelt dem *melanosporum,* ihre Form ist allerdings regelmäßiger. Sie ist von dunkelbrauner bis schwarzer Färbung und wird recht hoch gehan-

delt. Man findet sie in verschiedenen Regionen Mittelitaliens.

Tuber uncinatum
Diese Trüffel ist eher klein und graubraun. Ihre Qualität ist zufriedenstellend. Sie reift zwischen Ende Septem-

ber und Dezember vorwiegend in Burgund und der Champagne.

Tuber albidum pico
Die Qualität auch dieser Trüffel ist gut. Ihre Färbung ist weißlich und ihr Aroma weniger ausgeprägt als das des *magnatum pico*. Allerdings kostet sie auch entschieden weniger als dieses. Man findet sie zwischen März und April in zahlreichen Regionen Italiens.

Geographische Verbreitung der Trüffeln

Italien – Von Monferrato bis zum Val Cervina und in den Langhe, im Valle

Grue und im Val Turone gedeiht das *tuber magnatum pico*. In der angrenzenden Lombardei finden wir es vor allem in der Gegend der Val Stoffora und der Val Trebbia. In geringeren Mengen kommt die weiße Trüffel auch im Veneto vor, in der Emilia Romagna,

in der Toskana (hier vor allem in der Gegend um San Miniato) und in der Gegend von Aqualagna in den Marken.

Das *tuber melanosporum* wächst dagegen in der Emilia Romagna, in bestimmten Gebieten der Toskana (vor allem in der Nähe von Siena), in großen Teilen Umbriens und seltener in Latium.

In Italien findet man noch viele andere, mehr oder weniger hochwertige Trüffelqualitäten, die in fast allen Regionen des Landes gedeihen.

Frankreich – Den Franzosen gebührt das Verdienst, der Trüffel einen gebührenden Platz in ihrer ruhmreichen gastronomischen Tradition eingeräumt zu haben. Die Gegend mit dem größten Trüffelvorkommen ist das Périgord, wo man neben weißen Trüffeln vor allem ausgezeichnete schwarze Trüffeln in großen Mengen findet. Auch Burgund und die Champagne haben eine Trüffelproduktion. Man findet dort vor allem den *tuber uncinatum,* eine geschmackvolle schwarze Trüffel von weniger hochwertiger Qualität, die dem *tuber melanosporum* vergleichbar ist.

Obwohl es sich bei Trüffeln um ein italienisches und französisches Produkt par excellence handelt, kommen sie auch – allerdings in weniger hochwer-

tigen Arten – in anderen europäischen Ländern vor.

In Spanien (hier vor allem um Saragossa, Barcelona, in Katalonien und in Navarra), in Dalmatien und in bestimmten Gebieten Deutschlands (besonders in Baden), in der Schweiz und

in England kann man verschiedene hochwertige Trüffelarten finden.

In Nordafrika und in bestimmten Regionen des Nahen und Fernen Ostens kann man Trüffeln der Spezies *tarfezia* aufspüren, die zwar eßbar, aber weniger angenehm im Geschmack sind und deren Qualität den europäischen Trüffelarten unterlegen ist.

Natürliche Trüffelvorkommen

Wir haben bereits auf die spezielle Gewohnheit der Trüffeln hingewiesen, die in Symbiose mit ungefähr fünfzig Pflanzenarten leben. Die meisten der bekannten Trüffelarten bevorzugen die Eiche als Wirtspflanze, gehen aber auch gerne Symbiosen mit Pappeln, Weiden, Linden oder Nußbäumen ein, um nur die wichtigsten zu nennen. Die Trüffeln vermehren sich an den Wurzeln dieser Bäume vor allem, weil sie in kalkhaltigen und mergeligen Böden wachsen. Diese Böden verhelfen der Knolle zu ihrem charakteristischen Aroma. Am ausgeprägtesten ist es, wenn die Knolle ausgereift ist. Der Reifungsprozeß der Trüffeln geht sehr langsam vor sich und ist erst dann abgeschlossen, wenn sich in ihrem Inneren die Sporen gebildet haben. Wird der Pilz zu diesem Zeitpunkt nicht gefunden, verfault er langsam und verliert dabei nach und nach sein Aroma.

In der Regel wachsen Trüffeln ungefähr 20 bis 30 Zentimeter unter der Erde, manchmal sogar in 70 bis 80 Zentimeter Tiefe. In sehr seltenen Fällen können sie allerdings auch nur mit einer dünnen Erdschicht bedeckt sein (und so von einem erfahrenen Trüffel-

sammler mit bloßem Auge ausgemacht werden).

Das Gewicht der Trüffeln kann je nach Spezies zwischen 30 und 100 Gramm variieren. Manchmal werden Trüffeln von mehreren hundert Gramm gefunden. Extreme Glücksfälle sind Knollen, die mehr als ein Kilo wiegen.

Leider sind die natürlichen Trüffelvorkommen in Italien, Frankreich, Deutschland, Spanien und Dalmatien nicht unerschöpflich. So wurden die Vorkommen der kostbaren Knolle in den letzten Jahrzehnten empfindlich reduziert. Hauptverantwortlich dafür ist die Umweltverschmutzung, aber auch die Abholzung der Wälder bedroht die Trüffeln.

Zum Glück hat man inzwischen in Italien und Frankreich mit der Aufforstung der Wälder begonnen, die auch den Wassergehalt des Bodens positiv beeinflußt. Das natürliche Trüffelvorkommen wird auf diese Weise bald wieder zunehmen.

Trüffelanbau – eine echte Herausforderung

Aus wissenschaftlichem Interesse, aber auch um der Ausbeutung der natürlichen Vorkommen entgegenzuwirken, hat man in den letzten Jahren in Frankreich und auch in Italien versucht, Trüffeln zu züchten.

Ohne auf technische Einzelheiten einzugehen, kann soviel auf jeden Fall gesagt werden: Die bisher erzielten Ergebnisse sind, was einige eßbare Trüffelsorten angeht, mehr als ermutigend. Besonders das *tuber melanosporum,* also die schwarze Périgord-Trüffel, läßt sich künstlich anbauen. Vom *tuber magnatum pico,* der kostbarsten aller Trüffelarten, kann dies bisher leider nicht behauptet werden.

Aber wie züchtet man Trüffeln? Für den Trüffelanbau muß man indirekte

Kulturen mit der Wirtspflanze anlegen. Indem wir die natürlichen Lebensverhältnisse nachahmen, schaffen wir ideale Bedingungen für die Pilze, die wir züchten wollen.

Ein kurzlebiges Aroma

Frische Trüffeln strömen einen äußerst intensiven Duft aus – so, als konzentrierten sich in den Knollen die verborgensten Aromen der Erde. Aber schon nach wenigen Tagen verfliegt dieser wunderbare Duft, und die Knolle verliert ihre verführerische Anziehungskraft. Aus diesem Grund sollte sie nicht später als drei bis vier Tage nach der Ernte verzehrt werden. Heute erfreuen sich Trüffeln bei Feinschmeckern einer großen Beliebtheit, und die Nachfrage ist trotz des hohen Preises enorm gestiegen. In vielen mehr oder weniger typischen Gerichten findet man neuerdings Trüffeln. In den letzten Jahren hat die Nahrungsmittelindustrie neue Lösungen zur Konservierung dieses so leicht verderblichen Produktes gefunden. Die Trüffeln werden gebürstet, gewaschen, gekocht, in Dosen abgefüllt und bei 115° Celsius sterilisiert. Seit neuestem

versucht man, sie gefriergetrocknet oder tiefgefroren zu konservieren. In der Vergangenheit war es für die meisten Menschen undenkbar, Trüffeln zu kaufen – heute hingegen sind getrüffelte Butter, Pasteten mit Trüffel oder in Öl und Knoblauch eingelegte Trüffelknollen erschwinglich.

Abgesehen von den von der Industrie angewandten Konservierungsmethoden besteht auch die Möglichkeit, die Knolle eigenhändig zu Hause zu konservieren. Man kann sie zum Beispiel in einem mit Reis gefüllten und anschließend mit einem Deckel verschlossenen Glas aufbewahren. Auch Butter eignet sich zur Konservierung. Dazu läßt man die Trüffeln nach gründlicher Säuberung ungefähr 10 Minuten in Weißwein kochen und gibt sie danach in ein Konservenglas, das mit lauwarmer, zerlassener Butter gefüllt wird. Anschließend verschließt man dieses Glas luftdicht. Auf diese Weise hält sich die Knolle monatelang. Man kann eine Trüffel, die man in ein feuchtes Tuch eingewickelt und in ein luftdicht verschlossenes Glas gegeben hat, auch im Wasserbad ungefähr 15–20 Minuten lang kochen. Von alters her konserviert man Trüffeln auch, indem man sie etwa 15–20 Minuten in Marsala kocht und sie anschließend in einem luftdicht verschließbaren Glas aufbewahrt.

Wie jeder andere Pilz können auch Trüffeln in der Sonne getrocknet werden. Auf diese Weise verlieren sie nur sehr wenig von ihrem Aroma. Man schneidet sie dazu in hauchdünne Scheiben und läßt sie in der Sonne oder im Ofen trocknen. Danach bewahrt man sie möglichst luftdicht verschlossen auf.

Bis vor einigen Jahren konnte man in Italien Trüffeln von vorgeblichen Trüffelsuchern, die ihre Ware direkt an der Haustüre anboten, kaufen. Die Preise waren sehr attraktiv und sehr häufig war die Versuchung größer als

die Vorsicht. Denn oft befanden sich in den Säckchen, in denen die Verkäufer ihre Ware anboten, neben einigen wertvollen Exemplaren der schwarzen Trüffeln wertlose Knollen ohne Aroma. Man sollte also in jedem Fall beim Kauf Vorsicht walten lassen.

TRÜFFELSAMMELN – MYTHEN UND RITUALE

Die Geheimnisse der Trüffelsucher

Sie haben einen schwierigen Beruf. Zum Trüffelsuchen gehören eine außergewöhnliche Beobachtungsgabe, ein gutes Gedächtnis und viel Erfah-

rung. Natürlich hat der Trüffelsucher in seinem Hund, seinem treuen Gefährten, eine große Hilfe. Aber das allein reicht nicht. Für eine professionelle Suche muß er jede Ecke des Waldes, jeden Zentimeter Erde genau kennen. Andernfalls besteht das Risiko, daß sein Aufwand und der Einsatz seines vierbeinigen Freundes umsonst waren.

Die professionellen Trüffelsucher, die vom Ertrag dieses alten Berufes leben, sind eigentlich ganz normale Menschen. Aber in dem Moment, in dem sie die «Uniform» des Trüffelsuchers anlegen, werden sie einsilbig und reserviert. Um nichts in der Welt geben sie ihre Geheimnisse preis. Jeder von ihnen folgt strengen Regeln, wie jener, niemals über die Stelle zu sprechen, an der sie die kostbare Knolle gefunden haben. Auch lassen sie sich nur von ihrem Hund begleiten und achten sehr darauf, daß niemand ihnen folgt.

Was zählt, ist die Erfahrung. Der Trüffelsucher macht sich – nur mit einer kleinen Schaufel – auf seinen Weg in den Wald. Die Schaufel kann sehr ausgefallene Formen haben und wird in der Regel vom Trüffelsucher selbst hergestellt. Es handelt sich daher eigentlich immer um Unikate. Auch das ist Teil des Rituals. Meistens tragen diese «Goldsucher» eine Jacke mit vielen Taschen. Sie enthalten die Belohnung für den fündig gewordenen Hund und dienen gleichzeitig dazu, die Trüffeln zu verwahren.

Wir erwähnten bereits, daß es sich um einen Beruf mit Tradition handelt. Alte Chroniken berichten von äußerst gewitzten *trifolau* (Trüffelsuchern), die seit dem Beginn des 18. Jahrhunderts von den Herrschern des Hauses Savoyen auf Trüffelsuche geschickt wurden. Diesen *trifolau* folgte ein langer Zug Adliger, die aus ganz Europa angereist waren, um der «Jagd» auf die kostbare Knolle beizuwohnen. Für diese vornehmen Herren war die Teilnahme an der Trüffelsuche als Zuschauer ein aufregender Zeitvertreib.

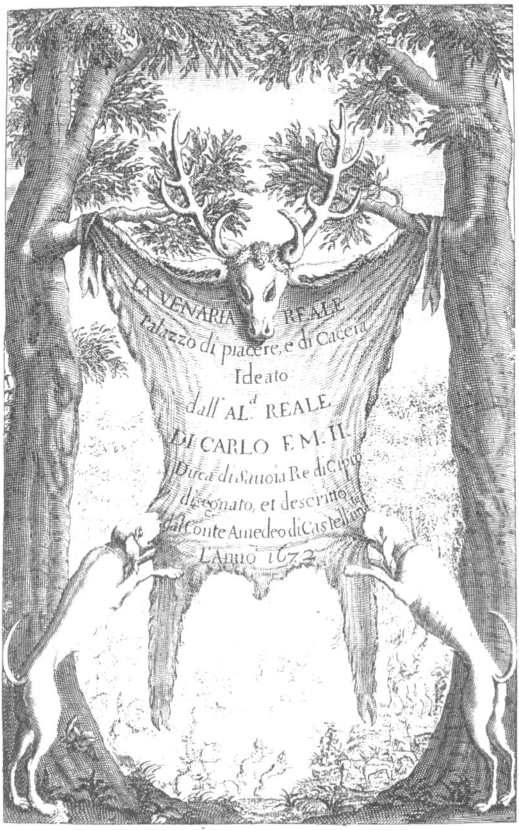

Nur wenige haben heute Gelegenheit, einen Trüffelsucher zu begleiten. Dabei ist die Suche ein wirklich aufregendes Schauspiel. Das gemeinsame Ziel schweißt Mensch und Tier zusammen. Der Mensch begibt sich in ein Gebiet, das er bereits kennt, und beobachtet aus klarer Distanz aufmerksam jede Bewegung des Hundes. Das Tier ist übernervös. Sein Herr bleibt ganz ruhig, um es auf keinen Fall abzulenken. Das Tier legt eine kurze Strecke zurück, hält unvermittelt inne und dreht sich – seine Nase klebt dabei förmlich am Boden – um die eigene Achse. Plötzlich bleibt es wie angewurzelt stehen und beginnt wild mit den Pfoten in der Erde zu scharren. Es jault vor Vergnügen. Erst jetzt tritt der Trüffelsucher neben den Hund, streichelt und beruhigt ihn, und in dem Moment, in dem die Knolle freigelegt ist, bringt er sie vor dem Schlund des Tieres in Sicherheit. Dieses erhält zum Trost die mitgebrachte Belohnung. Der Hund scheint sich der Bedeutung seines Fundes bewußt zu sein und wedelt glücklich mit dem Schwanz, und sein Herrchen wird nicht müde, ihn zu streicheln.

Es gibt mutige Trüffelsucher, die vorbehaltlos von der Intelligenz ihrer Tiere überzeugt sind. Anstatt in der letzten Phase des Ausgrabens selber zur Schaufel zu greifen, überlassen sie alles ihrem vierbeinigen Freund. Der muß am Ende mit herabhängenden Ohren (Zeichen seines Gehorsams und seiner Untergebenheit) seinem Herrn die Trüffel ausliefern.

Ein Trüffelhund muß lebhaft, munter, aufmerksam und leidenschaftlich sein – aber vor allen Dingen muß er eine «gute Nase» haben. Es wird viel von ihm verlangt bei der Trüffelsuche. Ein gut abgerichteter Trüffelhund ist eine unersetzliche Waffe, der Trumpf in der Hand jedes Trüffelsuchers.

Das Tier führt das Leben eines Hochleistungssportlers. Sein Tagesablauf wird von intensivem Training bestimmt, bei dem dieselben Übungen ständig wiederholt werden. Die Trainingsregeln dürfen unter keinen Umständen mißachtet werden. Dennoch leidet der Hund nicht unter der Situation. Seine Arbeit macht ihm Freude,

und wenn er Fehler begeht, wird es keinem einfallen, ihn dafür schwer zu bestrafen. Der Trainer redet ihm höchstens streng ins Gewissen. So kommt der Spaß an der Sache nicht zu kurz.

Die Abrichtung eines Trüffelhundes ist eine Frage von Geduld und Glück. Ein erfahrener Trüffelsucher wählt aus einem Wurf junger Hunde den aus, der ihm am lebendigsten und unternehmungslustigsten erscheint. Diese Eigenschaften sind auf jeden Fall erfolgversprechend. Die Abrichtung beginnt mit etwa sechs Monaten. Dann bringt sein Herr ihm bei, Gegenstände zu apportieren und im Boden zu scharren, wenn er einen Gegenstand mit einem unverwechselbaren Geruch vergräbt. In der zweiten Phase versteckt der Abrichter ein Stück Stoff unter der Erde, das einen intensiven Käsegeruch ausströmt. Diese Maßnahme erzieht den Hund dazu, auf einen starken, strengen Geruch zu reagieren. Erst später wird der Käse durch Trüffel ersetzt. Wenn das junge Tier den Stoff ohne das geringste Zögern findet, wird ein echter Trüffel vergraben, den der Hund wohlbehalten seinem Herrn ausliefern muß. Um so weit zu kommen, muß der Abrichter dieselben Übungen unendlich oft mit Engelsgeduld wiederholen. Die Abrichtung dauert ungefähr anderthalb

Jahre. Erst dann kann der junge Hund eingesetzt werden. Üblicherweise läßt man die «Anfänger» in den Gebieten mit Trüffelvorkommen frei herumlaufen, um die Qualität der Abrichtung zu überprüfen. Manche Abrichter ziehen es vor, das junge Tier von einem älteren und erfahrenen Hund, in der Regel einem seiner Elternteile, begleiten zu lassen, an dessen Beispiel sich der junge Hund orientiert.

Früher wurden die Hunde vor der Trüffelsuche nicht gefüttert; man nahm an, daß der Hunger ihren Suchinstinkt verstärken würde. Diese etwas zweifelhafte Praxis wird heute fast einstimmig abgelehnt. Die meisten Experten sind der Meinung, daß ein hungriges Tier lustlos und müde ist. Und im übrigen sollte ein Kamerad auch nicht wie ein Sklave behandelt werden!

Eine letzte Kuriosität: Die Trüffelsucher begeben sich in den frühen Morgenstunden oder sogar mitten in der Nacht an ihre Arbeit. Dafür gibt es zwei Gründe: Zum einen halten sie dadurch neugierige Beobachter von sich fern, zum anderen intensiviert der nachtfeuchte Boden die Gerüche, was dem Hund die Suche erleichtert.

Der Trüffelhund – ein «reinrassiger» Bastard

Theoretisch kann jeder Hund mit einem außergewöhnlich guten Geruchssinn für die Trüffelsuche abgerichtet werden. Aber in der Regel werden die intelligenten und lernfähigen Bastarde

Rassehunden vorgezogen. Viele Trüffelsucher versuchen, Hunde für die gewünschte Bestimmung zu züchten. Dazu kreuzen sie Jagdhundrassen, die bekannt sind für ihre feine Nase und ihren ausgeprägten Suchinstinkt, untereinander. In jahrhundertelanger Erfahrung haben sich vor allem die folgenden Kreuzungen bewährt: Schweißhund mit Pointer, Setter mit Bracke, Cocker mit Pudel, Setter mit Pointer, Schweißhund mit Bracke.

In Italien verwendet man neuerdings wieder eine Hunderasse, die von alters her als besonders geeignet gilt.

Die Rede ist vom Lagotto, einem sehr liebenswerten Rassehund. Der Lagotto ist von mittlerer bis kleiner Statur und hat ein dichtes, lockiges Fell, kräftige Muskeln und einen sanften Blick. Dieser Hund zögert keine Sekunde, wenn es darum geht, sich in dorniges Gestrüpp zu stürzen oder tiefes Wasser schwimmend zu überwinden. Er ist ein Muster an Hingabe.

Im Jahre 1991 wurde der Lagotto schließlich nach jahrelangen Versuchen mit dem Ziel, seine charakteristischen Eigenschaften zu verstärken, als autonome Rasse anerkannt. Ursprünglich kommt er aus den sumpfigen Gebieten der Romagna. Seit dem 17. Jahrhundert diente er hier als Arbeitstier. Die Hunde eigneten sich ausgezeichnet für die Jagd, für die Arbeit und als Gesellschafter für die Menschen. Vor allem aber schätzte man sie als hervorragende Trüffelsucher. Als solche wurden sie bis in die fünfziger Jahre eingesetzt, in denen mit dem beginnenden Wirtschaftswunder die Nachfrage nach Trüffeln wuchs. Aus diesem Grund versuchten viele Trüffelsucher, Hunde zu züchten, die schneller einsatzbereit waren als der Lagotto. Man kreuzte ihn also mit anderen Jagdhundrassen. Ein reinrassiger Lagotto wurde so allmählich zu einer Seltenheit. Zum Glück für alle Hundeliebhaber ist es in den letzten Jahren gelungen, diese vielseitige Rasse vor dem

Aussterben zu bewahren. Und der Erfolg dieser Anstrengungen war so groß, daß heute selbst die französischen Trüffelsucher gerne diese besonders talentierten Hunde erstehen.

Aber nicht nur Hunde …

Mittlerweile findet man sie fast nur noch in Erzählungen und Anekdoten. Aber es ist noch nicht sehr lange her, da begaben sich die *trifolau* auch mit Schweinen auf die Suche nach dem kostbaren Pilz. Schweine sind nicht nur versessen auf die wertvolle Knolle, sondern verfügen auch über einen

ausgezeichneten Geruchssinn. Allerdings warf die Suche große Probleme auf, da Schweine nicht leicht unter Kontrolle zu halten sind.

Im 19. Jahrhundert wählten die Trüffelsucher sich die besten Tiere aus und richteten sie mit Erfolg ab. Aber es war fast unmöglich, dem Schwein die Trüffel in dem Moment, in dem es sie gefunden und ausgegraben hatte, zu entreißen. Oft war das gefräßige Tier schneller und die Knolle für den enttäuschten Trüffelsucher verloren. So bekehrten sich bald auch die überzeugtesten Vertreter dieser Art der Suche zum gelasseneren, gehorsameren und intelligenten Hund.

REZEPTE

Crostini mit Trüffel

Zutaten: 100 g Trüffeln, 80 g Butter, 1 kleine Knoblauchzehe, eine in Salz eingelegte Sardelle, 15 Scheiben Baguette.

30 g Butter in einen kleinen Topf geben und die gewaschene, entgrätete und kleingehackte Sardelle zusammen mit einer feinen Scheibe Knoblauch zufügen. Das Ganze 1–2 Minuten leicht anbraten. Die von der Erde gesäuberten und in feine Scheiben geschnittenen Trüffeln zufügen. Weitere 7–8 Minuten auf kleiner Flamme köcheln lassen. Die Brotscheiben in der restlichen Butter anbraten. Sobald sie knusprig sind, die Trüffelsoße darübergeben.

Vol-au-vent mit Trüffel

Zutaten: 12 Vol-au-vent, 50 g Butter, 200 g schwarze Trüffeln, 125 ml Sahne, 1 Eßlöffel Cognac, Salz und Pfeffer.

Den Backofen auf 200°C erhitzen. Die Trüffeln in lauwarmem Wasser waschen und mit einer Bürste von der Erde säubern. In hauchdünne Scheiben schneiden und zusammen mit der Butter in einen Topf geben. Leicht anbraten, anschließend den Cognac dazugeben. Wenn dieser verdampft ist, die Sahne über die Trüffeln geben und noch weitere 1–2 Minuten auf kleiner Flamme köcheln. Mit Salz und Pfeffer würzen. Die Vol-au-vents mit der Creme füllen und 4–5 Minuten lang in den Ofen geben. Sehr heiß servieren.

Trüffelfondue

Zutaten: 350 g Fontina, 70 g Trüffeln, 1 Knoblauchzehe; 350 ml Milch, 40 g Butter, 4 Eigelbe, 300 g Baguette.

Die Milch zusammen mit der zerdrückten Knoblauchzehe und dem in Würfel geschnittenen Käse in einer

Schüssel einige Stunden ruhen lassen. Dann die Butter in einem Topf erhitzen und den abgegossenen Käse hineingeben. Den Topf mit dem Käse ins Wasserbad stellen. Sobald der Fontina beginnt, Fäden zu ziehen, die vier Eigelbe auf einmal hineingeben. Mit einem Kochlöffel sorgfältig durchrühren. Wenn die Masse schön sämig geworden ist, in vier Schalen füllen. Jede Portion vor dem Servieren mit hauchdünnen Trüffelscheiben bedekken.

Hühnersalat

Zutaten: 2 Hühnerbrüste, 4 in Salz eingelegte Sardellenfilets, 60 g weiße Trüffeln, eine halbe Zitrone, 1 Teelöffel Senf, 7–8 Eßlöffel Öl.

Die Hühnerbrüste in kaltem Salzwasser kochen. Anschließend in feine Streifen schneiden und in eine Salatschüssel geben.

In einer anderen Schüssel Öl, die feingehackten Sardellenfilets, den Zitronensaft und den Senf verrühren. Diese Soße mit dem kleingeschnittenen Huhn vermischen. Die weißen Trüffeln sehr vorsichtig abbürsten (vorher mit Wasser oder Weißwein reinigen), in hauchdünne Scheiben schneiden und diese über das Huhn geben.

An einem kühlen Ort noch etwa zehn Minuten ruhen lassen.

Würziger Maiskuchen

Zutaten: 150 g Maismehl, 2 schwarze Trüffeln, ein halbes Glas Olivenöl, 750 ml Milch, 3 Löffel geriebener Parmesan, 6 Eier, 20 g Butter.

Die Milch mit einer Prise Salz zum Kochen bringen, dann das Maismehl einstreuen. Dabei ständig mit einem hölzernen Kochlöffel umrühren. Die Masse zum Kochen bringen. Den Maisbrei dann auf kleiner Flamme 35–40 Minuten weiterkochen lassen. Danach vom Feuer nehmen und das Öl und den geriebenen Parmesan unterrühren. Eiweiße zu Schnee schlagen. Anschließend 5 Eigelbe in die abgekühlte Maismasse geben. Eischnee unterheben und zum Schluß die in hauchdünne Scheiben geschnittenen Trüffeln dazugeben. Das Ganze sehr gut durchrühren, wenn nötig noch etwas salzen und pfeffern und in eine gefettete Form geben. In den vorgeheizten Ofen schieben und bei mittlerer Temperatur ungefähr dreißig Minuten backen. Heiß servieren.

Spaghetti mit schwarzer Trüffel

Zutaten: 400 g Spaghetti, 50 g schwarze Trüffeln, ein halbes Glas Olivenöl, 1 kleine Knoblauchzehe, zwei in Salz eingelegte Sardellen, Salz.

Einen Topf mit Salzwasser aufsetzen. Die Trüffeln in lauwarmem Wasser säubern und abbürsten. Abtrocknen und fein hacken. Das Öl in einem kleinen Topf leicht erhitzen. Anschließend den Topf vom Feuer nehmen und die Trüffeln hineingeben. Gut mit dem Öl vermischen und auf kleiner Flamme zusammen mit der in zwei Teile geteilten Knoblauchzehe und den entgräteten Sardellen weiterdünsten lassen. Das Ganze gut mit einem Holzkochlöffel verrühren, wobei die Soße auf keinen Fall kochen darf. Mit Salz abschmecken. In der Zwischenzeit die Spaghetti al dente kochen, abgießen und mit der Trüffelsoße vermischen. Sofort servieren.

Tagliatelle mit Trüffel

Zutaten: 400 g Tagliatelle, 50 g schwarze Trüffeln, 100 g Butter, 3 Löffel geriebener Parmesan.

Die Tagliatelle in ausreichend Salzwasser al dente kochen. Die Trüffeln waschen und abbürsten. Die Butter auf kleinster Flamme erhitzen und die Nudeln damit anrichten. Parmesan darübergeben. Zum Schluß die in hauchdünne Scheiben geschnittenen Trüffeln darübergeben, mit der Pasta vermischen und sofort servieren.

Tagliolini mit Trüffel und Pilzen

Zutaten: 300 g Tagliolini, 300 g Steinpilze, 40 g weiße Trüffeln, ein halbes Glas Weißwein, 2 Schnitze einer Schalotte, 4 Eßlöffel Öl, Salz und Pfeffer.

Die Pilze unter fließendem Wasser waschen; die Trüffeln abbürsten. Die Schalotte in dem Öl leicht anbraten und die in nicht zu dünne Scheiben geschnittenen Pilze dazugeben; mit Salz und Pfeffer würzen. Nachdem das Ganze gut angebraten ist, mit Weißwein übergießen und die Flüssigkeit bei mittlerer Hitze verkochen lassen. Tagliolini in Salzwasser al dente kochen. Danach mit der Steinpilzsoße anrichten. Zuletzt hauchdünne Trüffelscheiben darübergeben.

Gnocchi mit getrüffelter Käsecreme

Zutaten: 1 kg Kartoffelgnocchi, 50 g weiße Trüffeln, 50 g Emmentaler, 50 g Gorgonzola, 50 g Fontina, 3 Löffel geriebener Parmesan, 50 g Butter, Milch.

Während das Wasser für die Gnocchi erhitzt wird, die Butter zusammen mit dem Käse in einem kleinen Topf im Wasserbad schmelzen. Falls nötig, fügt man der Käsemasse einige Löffel Milch hinzu. Salzen und pfeffern. Wenn die Gnocchi gar sind, werden sie mit der Käsecreme angerichtet und mit in hauchdünne Scheiben geschnittenen Trüffeln dekoriert.

Nudelauflauf mit Trüffelcreme

Zutaten: 400 g Penne, 70 g weiße Trüffeln, 2 Hühnerbrüste, 100 g Butter, ½ l Milch, 30 g Mehl, 80 g roher Schinken, 3 Eier, 150 ml Sahne, 60 g Parmesan, Salz, Pfeffer.

Die Hühnerbrüste säubern und leicht salzen. In einem Topf 30 g Butter erhitzen und das Fleisch hineingeben. Auf kleiner Flamme etwa 30 Minuten garen. Wenn nötig, kann man die Hühnerbrüste mit ein wenig Wasser oder Brühe übergießen. In der Zwischenzeit eine Béchamelsoße zubereiten. Dazu gibt man 50 g Butter und das

Mehl in eine Kasserolle. Sobald sich daraus eine feste, goldbraune Creme gebildet hat, gießt man unter ständigem Rühren die kalte Milch dazu. Die Soße auf kleiner Flamme zum Kochen bringen, salzen, pfeffern und noch 5–6 Minuten weiterkochen.

Die Penne in Salzwasser al dente kochen. In der Zwischenzeit werden die Hühnerbrüste kleingehackt, der Schinken in Würfel geschnitten und die Trüffeln geputzt. Huhn und Schinken zusammen mit den Eigelben, die in feine Scheiben geschnittenen Trüffeln, der Sahne und dem geriebenen Parmesan in die Béchamelsoße geben. Alle Zutaten gut unterrühren. Die Penne mit der Béchamelsoße anmachen. Die Masse in eine gut gefettete feuerfeste Form geben und in den vorgeheizten Backofen schieben. Bei 180°C 15–20 Minuten backen.

Vor dem Servieren einige Minuten ruhen lassen.

Risotto alla piemontese

Zutaten: 350 g Reis, 1 weiße Alba-

Trüffel, 3 Eßlöffel geriebener Parmesan, 80 g Butter, 500 g Kochfleisch, 1 Scheibe Schinken, 30 g Speck, 1 Zwiebel, 1 Möhre, 1 Stange Bleichsellerie, Salz und Pfeffer.

Die Zwiebel in feine Scheiben schneiden, mit dem fein geschnittenen Schinken und Speck anbraten. Dann das kleingeschnittene Fleisch dazugeben und ebenfalls anbraten. Danach 1 1/2 Liter Wasser, die Selleriestange und die Möhre in den Topf geben. Mindestens 2 Stunden kochen, anschließend salzen und das Fett abschöpfen. Die Brühe durchseihen und wieder zum Kochen bringen. Den Reis in der kochenden Brühe garen. Mit dem Parmesan bestreuen und gut durchrühren. Mit hauchdünnen Trüffelscheiben dekorieren.

Rinderfilet
à la Mouton d'Or

Zutaten: 4 Rinderfilets von jeweils etwa 150 g, 80 g weiße Trüffeln, 50 g Butter, 50 g Mehl, 100 g Gruyère, 1 halbes Glas Madeira, Brühe, Salz und Pfeffer.

Die Trüffeln putzen und waschen. Den Gruyère reiben. Die Filetscheiben in Mehl wenden und von beiden Seiten auf großer Flamme in Butter anbraten. Mit Salz und Pfeffer würzen und mit dem halben Glas Madeira ablöschen.

Während der Wein kocht, die Fleischstücke mehrmals wenden und zum Schluß ein wenig Brühe zugeben.

Nun den Käse zusammen mit den in hauchdünne Scheiben geschnittenen Trüffeln über die Filets streuen. Das Fleisch bedeckt noch weitere 2 Minuten auf dem Feuer lassen und danach sofort servieren.

Roston

Zutaten: 600 g Rinderfilet, 60 g weiße Trüffeln, 300 g Steinpilze, 120 ml Sahne, 1 Möhre, 1 Stange Bleichsellerie, 1 kleine Zwiebel, 1 Rosmarinzweig, 1 Lorbeerblatt, 1 Glas trockener Weißwein, 40 g Butter, 5–6 Eßlöffel Öl, Salz und Pfeffer.

Den Rosmarinzweig mit Bindfaden auf dem Filet befestigen. Danach das Fleisch mit kleinen Trüffelstückchen «spicken», salzen und pfeffern. In einer Kasserolle die Butter und das Öl erhitzen. Anschließend das Fleisch von allen Seiten anbraten. Nach 3–4 Minuten das in feine Scheiben geschnittene Gemüse (Möhre, Zwiebel und Selleriestange) und das ebenfalls zerkleinerte Lorbeerblatt hinzufügen. Mit der Hälfte des Weißweins löschen. Etwa 1 1/2 Stunden lang bei niedriger Hitze kochen. In der Zwischenzeit die Pilze säubern und in nicht zu dünne Scheiben schneiden. Wenn das Filet gar ist, aus der Kasserolle nehmen und den Jus durchseien. Alles wieder in den Topf geben und die Pilze und die restlichen, in Scheiben geschnittenen Trüffeln hinzufügen. Noch ungefähr 40 Minuten kochen und dabei nach und nach den restlichen Wein und die Sahne zufügen. Dann das Filet in Scheiben schneiden und mit der Soße bedeckt servieren.

Kalbslende mit Trüffel und Sauce Mornay

Zutaten: 4 Kalbslendenstücke von je etwa 200 g, 1 schwarze Trüffel, 50 g gepökelte Zunge, 50 g gekochter Schinken, 40 g geriebener Emmentaler, 2 Eier, 1 Eßlöffel Mehl, 4–5 Eßlöffel Semmelmehl, 50 g Butter, 2–3 Eßlöffel Keimöl, Salz und Pfeffer.

Für die Sauce Mornay: 300 ml Milch, 40 g Mehl, 40 g Butter, 30 g geriebener Parmesan, Salz und Pfeffer.

Die Kalbslenden der Länge nach aufschneiden. Innen und außen salzen und pfeffern. Die Trüffel reinigen. Die Fleischtasche mit der gepökelten Zunge, dem Schinken und der in feine Scheiben geschnittenen Trüffel füllen.

Danach die Sauce Mornay zubereiten. Dazu aus Mehl, Butter und Milch eine Béchamelsoße herstellen. Zum Schluß den Parmesan dazugeben. Die Soße etwas abkühlen lassen und über das Fleisch gießen. Wenn sie völlig abgekühlt und fest geworden ist, die Lendenstücke herausnehmen und vorsichtig in Mehl, dann in einem aufgeschlagenen Ei und zuletzt in dem mit dem geriebenen Emmentaler vermischten Semmelmehl wenden. In einem Topf 30 g Butter erhitzen, das Öl hinzufügen und darin das Fleisch von allen Seiten 15 Minuten gut anbraten. Aus dem Topf nehmen und auf einem Servierteller anrichten. Die restliche Butter in einem kleinen Topf braun werden lassen und das Kalbfleisch damit begießen. Sofort servieren, restliche Sauce Mornay getrennt reichen.

Carpaccio mit weißer Trüffel

Zutaten: 300 g in hauchdünne Scheiben geschnittenes rohes Rinderfilet, 60 g weiße Trüffeln, Olivenöl, 1 Zitrone, Salz und Pfeffer.

Aus 5 Eßlöffeln Öl, dem Zitronensaft und Salz und Pfeffer eine Vinaigrette herstellen. Die Trüffeln in lauwarmem Wasser reinigen und abtrocknen. Das Fleisch auf einer Fleischplatte anrichten und mit der Vinaigrette übergießen. Mit hauchdünnen Trüffelscheiben dekorieren.

Hühnerbrust à la Trifola

Zutaten: 3 Hühnerbrüste, 50 g weiße Trüffeln, 50 g Butter, 50 g roher Schinken, 1 Ei, 1 Glas Cognac und 1 Glas Weißwein, 2 Eßlöffel geriebener Parmesan, 1 Glas Öl, 1 kleines Glas Milch, 20 g Mehl, Salz und Pfeffer.

Das Ei in einer Schüssel aufschlagen und leicht salzen; die in dünne Scheiben geschnittenen Hühnerbrüste in Mehl und dann in dem Ei wenden.

Im heißen Öl fritieren. Auf Küchenkrepp abtropfen lassen, anschließend in Butter nochmals von beiden Seiten anbraten. Danach mit einer Scheibe gekochtem Schinken bedecken. Die gereinigte Trüffel fein hacken und mit dem Parmesan vermischen. Diese Mischung über das Hühnerfleisch geben und weitere 20 Minuten auf niedriger Flamme schmoren lassen. Danach Cognac, Weißwein und Milch hinzufügen. Das Fleisch nach einigen Minuten aus dem Topf nehmen und warm stellen. Die Soße einkochen lassen. Die Hühnerbrüste in der Soße servieren.

Kalbshirn à la Marie Antoinette

Zutaten: 2 Kalbshirne, ein Netz aus Schweinemagen, 300 g Steinpilze, 1 schwarze Trüffel, 100 g gekochter Schinken, 250 ml Milch, 100 g Butter, 2 Eier, 4 Eßlöffel Mehl, Salz und Pfeffer.

Wasser in einem Topf zum Kochen bringen. Die Kalbshirne in das kochende Wasser geben und etwa 5 Minuten lang kochen. Aus dem Topf nehmen und in mandarinengroße Stücke schneiden.

Die Pilze unter fließendem Wasser säubern und abtrocknen, dann in nicht zu feine Scheiben schneiden. Die Trüffel waschen und abbürsten.

Aus 30 g Butter, Mehl und Milch eine Béchamelsoße zubereiten. Unter ständigem Rühren 3–4 Minuten kochen lassen. Mit Salz und Pfeffer würzen. Danach die Kalbshirnstücke, die Pilze, den gewürfelten Schinken und die hauchdünnen Trüffelscheiben in die Béchamelsoße geben. Alles gut miteinander vermischen.

Dann das Netz in viereckige Stücke schneiden und jeweils einen Löffel von der Füllung in die Mitte setzen. Rouladen formen, die erst in dem geschlagenen Ei und anschließend in Mehl gewendet werden. Die Rouladen in der restlichen Butter braten und sehr heiß servieren.

Kaninchen an Trüffel

Zutaten: 1 Kaninchen von etwa 1200 g, 50 g schwarze Trüffeln, 1 Glas Essig, 2–3 Thymianzweige, 3 Salbeiblätter, 3 Lorbeerblätter, 1 Rosmarinzweig, 2 Schalotten, 2 Gläser Cognac, 1 halbes Glas Öl, 1 Glas Brühe, Salz und Pfeffer.

Das Kaninchen säubern und mit Essigwasser waschen, abtrocknen und in eine feuerfeste Form legen, nachdem man es mit Salz, Pfeffer und einem Gemisch aus gehacktem Thymian, Salbei, Lorbeer und Rosmarin gewürzt hat. Die Trüffeln waschen, putzen und in feine Scheiben schneiden. Mit einem scharfen Messer das Kaninchenfleisch einschneiden und mit den Trüffelscheiben «spicken». Das Öl hinzufügen und in den auf 200° C vorgeheizten Ofen schieben. Wenn das Kaninchen gut angebraten ist, die gehackten Schalotten dazugeben und nach einigen weiteren Minuten das Fleisch mit Cognac begießen. Etwa 90 Minuten im Ofen garen lassen. Dabei das Fleisch immer wieder mit der Brühe begießen.

Tauben à la Marengo

Zutaten: 4 Tauben, 40 g schwarze Trüffeln, 100 g Hühnerleber, 40 g durchwachsener Bauchspeck, 1 Glas Cognac, 4 Lorbeerblätter, 2 Rosmarinzweige, 1 kleine Zwiebel, 80 g Butter, 2 Eßlöffel Öl, 1 Glas Brühe, Salz und Pfeffer.

Die Tauben waschen und ausnehmen. Von innen und außen mit Salz und Pfeffer würzen. Jede Taube mit einem Lorbeerblatt und einem halben Rosmarinzweig füllen. In eine Kasserolle legen, in der man die Hälfte der Butter und des Öls erhitzt hat. Die Tauben von allen Seiten anbraten. Den gewürfelten Bauchspeck und die gehackte Zwiebel in der restlichen Butter glasig dünsten und die im Mixer zerkleinerte Hühnerleber hinzufügen. Mit einem Holzlöffel durchrühren und hauchdünne Trüffelscheiben zugeben. Das Ganze etwa 10 Minuten köcheln lassen. Die Tauben mit Cognac begießen und kurz darauf die vorbereitete Soße dazugeben. Die Tauben etwa 30 Minuten schmoren. Mit Salz und Pfeffer abschmecken und wenn nötig noch mit etwas Brühe begießen.

Fasan an Trüffel

Zutaten: 1 Fasan, 80 g schwarze Trüffeln, 1 Glas Grappa, 40 g fetter Speck, 100 g Butter, Salz und Pfeffer.

Den Fasan ausbeinen (oder vom Metzger ausbeinen lassen) und in einem tiefen Teller mit Grappa begießen. Die Trüffeln in lauwarmem Wasser waschen, abtrocknen und in die Speckscheiben wickeln. Nach etwa 10 Minuten den Fasan abtropfen lassen und mit der eingewickelten Trüffel füllen, salzen, pfeffern und zunähen. Die Butter in einer Kasserolle erhitzen, den Fasan dazugeben und anbraten. Zum Schluß die Brühe dazugeben und bei niedriger Temperatur etwa 45 Minuten kochen. Dabei hin und wieder wenden, damit der Fasan von allen Seiten goldbraun wird. Heiß servieren.

Schnepfen an Trüffel mit Croûtons

Zutaten: 4 Schnepfen (je etwa 200 g), 100 g Trüffeln, 80 g Butter, 30 g Gänseleberpastete, 4 Scheiben dünn geschnittener fetter Speck, vier Scheiben ungesalzenes Weißbrot, Hühnerbrühe, Salz und Pfeffer.

Die Trüffeln waschen, bürsten und fein hacken. Die Schnepfen unter fließendem Wasser säubern, abtrocknen und mit einem Stückchen Butter, einem Teelöffel von der Gänseleberpastete, den zerkleinerten Trüffeln, Salz und Pfeffer füllen.

Die Vögel mit dem Bauchspeck spicken und in eine gebutterte Form legen. Den Ofen auf 200° C vorheizen und die Schnepfen hineingeben. Während der dreißigminütigen Garzeit hin und wieder mit der Brühe begießen. Das Brot toasten, und sobald die Schnepfen goldbraun sind, das Toastbrot mit dem Jus begießen und die Schnepfen auf den Scheiben anrichten. Heiß servieren.

Gefüllte Artischocken mit Trüffel

Zutaten: 8 Artischocken, 1 weiße Alba-Trüffel, 8 dünne Scheiben Schweinelende, 200 g gekochtes Hähnchen- oder Kalbfleisch, 1 Scheibe (20 g) gekochter Schinken, 1 Zitrone, 1 Bund Petersilie, ein halbes Glas Weißwein, Salz und Pfeffer.

Die Artischocken von den äußeren Blättern und dem Stiel befreien; die Spitzen abschneiden, halbieren und das Innere entfernen. Anschließend in ein mit Zitronensaft und Wasser gefülltes Gefäß legen. 2–3 Eßlöffel Öl in einen breiten Topf geben und die Artischokken hineinlegen.

Das gekochte Fleisch zusammen mit dem Schinken und ein wenig Petersilie zerkleinern; die Trüffel waschen, ebenfalls fein hacken und mit der Fleischmasse vermischen.

Die Artischocken mit dieser Mischung füllen. Alles mit dem Weißwein übergießen und die Schweinefleischstücke über das Gemüse legen. Salzen, pfeffern und zugedeckt bei kleiner Flamme garen.

Wenn die Artischocken gar sind, werden sie mit etwas Zitronensaft beträufelt und auf einer Platte kalt oder warm serviert.

Getrüffelte Gänseleberpastete

Zutaten: 200 g Gänseleberpastete, 40 g schwarze Trüffeln, 250 g gekochter Schinken, 100 g Butter, 1 Glas Cognac, Toskanabrot, Salz, Pfeffer.

Die Gänseleberpastete in eine Schüssel geben und mit einer Gabel oder einem Holzkochlöffel so lange durchrühren, bis sie leicht schaumig ist. Die Trüffeln putzen und waschen, danach fein hacken und zusammen mit der weichen Butter zur Pastete geben. Alles so lange rühren, bis eine cremige und homogene Masse entstanden ist.

Jetzt den Schinken im Mixer pürieren und mit der Pastete vermischen. Zum Schluß den Cognac hinzufügen. Mit Salz und Pfeffer würzen und alles in eine rechteckige, mit kaltem Wasser ausgespülte Backform geben. Darauf achten, daß sich in der Masse keine Luftlöcher bilden. Mit Alufolie bedeckt für ungefähr 2 Stunden in den Kühlschrank stellen.

Vor dem Servieren auf eine Platte stürzen und aufschneiden. Dazu reicht man geröstetes Toskanabrot.

Straßburger Pastete

Zutaten: 500 g Gänseleber, 100 g schwarze Trüffeln, 200 g durchwachsener geräucherter Bauchspeck in dünnen Scheiben, Butter, Salz, weißer Pfeffer, ein Paket tiefgefrorener Blätterteig.

Die Gänseleber säubern, Trüffeln reinigen und in feine Scheiben schneiden. Die Trüffelscheiben auf die mit Salz und Pfeffer gewürzte Gänseleber geben und mit dem Bauchspeck umwickeln. Das Fleisch in eine Schüssel geben und 8–10 Stunden in den Kühlschrank legen. Danach in eine eingefettete, feuerfeste Form geben und im Ofen bei 200° C etwa 20 Minuten braten. In der Zwischenzeit den aufgetauten Blätterteig zu einer nicht zu dünnen Teigplatte ausrollen. In die Mitte dieser Teigplatte die Gänseleberrouladen setzen und mit dem Blätterteig umhüllen. Teigränder gut zusammendrücken! Die Pastete darf sich beim Backen nicht öffnen. Den Teig mit einer Gabel von allen Seiten einstechen. Die Pastete auf einem gebutterten Blech ungefähr eine halbe Stunde bei 200° C im vorgeheizten Ofen backen.

Forellen in Trüffelsoße

Zutaten: 2 Forellen von je etwa 500 g, 70 g schwarze Trüffeln, 1 Knoblauchzehe, 50 g Butter, 1 Zitrone, Öl, Essig, Salz und Pfeffer.

In einem Topf die Butter auflösen und die ausgenommenen Forellen hineinlegen. Salzen, pfeffern und bei niedriger Temperatur dünsten. Dabei den Fisch mindestens einmal wenden.

In der Zwischenzeit die Trüffeln säubern, fein hacken und in einem kleinen Topf mit 3 Eßlöffeln Öl einige Minuten braten. Mit Salz und Pfeffer würzen und zum Schluß den kleingehackten Knoblauch, einen Spritzer Zitronensaft und ein wenig Essig hinzufügen. Die Soße sorgfältig umrühren und noch 2–3 Minuten weiterköcheln lassen.

Forellen anrichten, Trüffelsoße darübergeben und servieren.

Frittata an Trüffel

Zutaten: 5 Eier, 80 g schwarze Trüffeln, 20 g Butter, Milch, 1 Zitrone.

Die Trüffeln in lauwarmem Wasser waschen, abbürsten und sorgfältig abtrocknen.

Die Eier schlagen, eine Prise Salz, einige Eßlöffel Milch und die feingehackten Trüffeln hinzufügen. Die Butter in einer Pfanne erhitzen und die Eiermasse hineingeben.

Die Frittata wie üblich von beiden Seiten braun werden lassen und vor dem Servieren mit etwas Zitronensaft beträufeln.

Eier mit Trüffel

Zutaten: 8 Eier, 1 weiße Trüffel, 40 g Butter, 2 Eßlöffel Öl, 2 Löffel geriebener Parmesan, Salz und Pfeffer.

Die Trüffel unter lauwarmem Wasser waschen und abbürsten. Abtrocknen. In einem Topf Butter und Öl zusammen erhitzen. Die Eier aufschlagen und vorsichtig in den Topf geben, dabei darauf achten, daß das Eigelb nicht zerfließt. Bei mittlerer Hitze garen, salzen und pfeffern. Am Schluß mit dem Parmesan und Trüffelstücken bestreuen. Bedeckt noch kurz auf dem Feuer lassen.

HISTORISCHE REZEPTE

Kalbsnuß mit Trüffel Hausfrauenart

Aus: *Il cuoco piemontese perfezionato a Parigi.* Turin 1776.

Man nehme drei Kalbsnüsse und entferne das Fett und die Sehnen. Das Fleisch wird mit fettem Speck und Trüffeln gespickt und außerdem mit feingehackter Petersilie, Zwiebelchen, weißen Trüffeln und Salz gefüllt. In kräftiger Brühe kochen lassen. Wenn das Fleisch gar ist, wird die Soße entfettet und reduziert, bis sie weder zu dick- noch zu dünnflüssig ist. Man gibt sie über das aufgeschnittene Fleisch und serviert es als Entree.

Trüffeln mit Ei

Aus: *Libro contenente la maniera di cucinare e cari segreti e rimedi per malatie e altro.* Zweite Hälfte 18. Jahrhundert.

Nachdem man die Trüffeln mit Wasser und einer Bürste gesäubert hat, werden sie in Scheiben geschnitten und mit Butter in einen Topf gegeben. Sie sollen nur kurz garen. Dann gibt man geschlagene Eier und geriebenen Käse darüber.

Getrüffelte Wachteln

Aus: *L'Apicio moderno* von Francesco Leonardi, 1790.

Sechs Wachteln ausnehmen, die letzten Federn abflämmen und die Füße über die Schenkel binden. Die Wachtellebern, zwei Trüffeln, Petersilie, eine kleine Zwiebel und eine Schalotte fein hacken, mit Salz und Pfeffer würzen und zusammen mit etwas fettem Speck in das Geflügel füllen. Die Wachteln mit Öl und sechs schönen Trüffeln von gleicher Größe in eine Kasserolle legen und anbraten. Den Boden einer zweiten Kasserolle bedeckt man mit einigen Scheiben Kalbfleisch und einer Scheibe Schinken. Darauf legt man das Geflügel und gibt einen Bund verschiedener Kräuter, ein halbes Lorbeerblatt, Salz und Pfefferkörner darüber. Alles mit Papier abdekken. Eine Viertelstunde bei mittlerer Hitze in den Ofen geben; anschließend mit einem Glas Sekt oder Weißwein begießen und im Ofen zu Ende garen. Die Wachteln werden mit Trüffeln und in Butter gerösteten, goldbraunen Brotscheiben auf einer Platte angerichtet. Die Soße einkochen lassen, das Fett abschöpfen und durch ein Sieb streichen. Zusammen mit Zitronensaft über die Wachteln geben.

Hirschkoteletts mit schwarzer Trüffel

Aus: *Trattato di cucina pasticcera* von Giovanni Vialardi, Turin 1854.

Hirschkoteletts in acht zwei Finger dikke Scheiben schneiden, Sehnen und Knöchelchen entfernen. In einem Bräter etwas Butter erhitzen und das Fleisch zusammen mit 16 dünnen, talergroßen Scheiben schwarzen Trüffeln hineingeben und anbraten. Das Fleisch ist gar, wenn es von beiden Seiten eine schöne Farbe bekommen hat und innen nicht mehr rot ist. Mit den Trüffeln auf einer

Platte anrichten. Den Topf mit dem Bratensaft wieder auf das Feuer stellen und einen Löffel Mehl einrühren. Wenn das Mehl Farbe angenommen hat, mit einem Glas Malaga und etwas Fleischbrühe oder Wasser abbinden. Mit Salz, Pfeffer und Petersilie würzen, durchrühren, etwas einkochen lassen und anschließend den Saft einer Zitrone hinzufügen. Über die Hirschkoteletts geben und heiß servieren.

DANKSAGUNG

Der Autor dankt Monica Manescalchi für ihre Mitarbeit an diesem Buch.

Die Petrarcaverse (S. 22) wurden in der Übertragung von Friedrich Schelling wiedergegeben.

BIBLIOGRAPHIE

C. Vittadini, *Monographia Tuberacearum,* Mailand 1831.

J.Vanni, *Manuale del cane da tartufi,* Florenz 1976.

F. und T. Raris, *La strada del fungo e del tartufo,* Mailand 1978.

A. Urbani, *In cucina col tartufo,* Mailand 1983.

AA.VV., *Il tartufo ieri e oggi,* Convegno interregionale, Perugia 1987.

E. Faccioli, *L'arte della cucina in Italia,* Turin 1987.

R. Tannahill, *Storia del cibo,* Mailand 1987.

L. Mannozzi Torini, *Il tartufo e la sua coltivazione,* Bologna 1988.

S. Maiano – E. Tamburini, *I tartufi,* Mailand 1989.

C. Frascaroli, *Il cane ideale per la ricerca del tartufo,* Bologna 1991.

G. Ravazzi, *Il tartufo,* Mailand 1992.

F. Cardini, *Per una storia a tavola,* Florenz 1994.

INHALT

Eine uralte Geschichte

Trüffeln heute

TRÜFFELSAMMELN – MYTHEN UND RITUALE

REZEPTE

Historische Rezepte

GENIESSER BIBLIOTHEK

Jeder Band entführt in die wunderbare Welt von Speisen und Getränken mit ihrer Geschichte, Verwendung und köstlichen Rezepten.

Unser gesamtes Programm finden Sie unter:
www.verlagshaus.com

FLECHSIG

GENIESSER BIBLIOTHEK

Jeder Band entführt in die wunderbare Welt von Speisen und Getränken mit ihrer Geschichte, Verwendung und köstlichen Rezepten.

Unser gesamtes Programm finden Sie unter:
www.verlagshaus.com

FLECHSIG

GENIESSER BIBLIOTHEK

Jeder Band entführt in die wunderbare Welt von Speisen und Getränken mit ihrer Geschichte, Verwendung und köstlichen Rezepten.

Unser gesamtes Programm finden Sie unter:
www.verlagshaus.com

FLECHSIG